# L'ALCHIMIE DE L'ART

Le processus de transformation
vu de l'intérieur

## Veronica C. Wanchena

(Gabriel Orion Marie)

Droits d'auteur © 2024 Veronica C. Wanchena

Tous droits réservés. Toute reproduction, stockage, transmission ou diffusion intégrale ou partielle de ce document sans l'autorisation écrite de Veronica C. Wanchena, alias Gabriel Orion Marie est strictement interdite.

# À Catherine Marin et Christine Muraski

Ces deux femmes sont mes nièces. Elles ont contribué directement à cet ouvrage en participant à sa création originale, un exposé que j'ai présenté à des professionnels et des étudiants dans le domaine de la thérapie par l'art.

Je leur dédie *L'alchimie de l'art* et je les remercie profondément de m'avoir soutenu de tout cœur au moment de révéler mon histoire et mon message au monde.

Je les aime autant que mon cœur sait aimer.

# Table of Contents

*Introduction* ............................................................................................................. 7
*Objectif* .................................................................................................................... 9
*Vue intérieure : Témoin de l'histoire* .................................................................. 13
    La fille à la fenêtre ......................................................................................... 14
    Mort à 5 $ ........................................................................................................ 16
    Trous ................................................................................................................ 18
    Saisie ............................................................................................................... 20
    Segreto Oscuro (Sombre secret) ................................................................... 22
    Les étapes du fardeau .................................................................................... 24
    Solo .................................................................................................................. 26

*L'alchimie de l'art : Témoin du feu* ..................................................................... 29
    Plonger dans l'abysse .................................................................................... 30
    Surcharge sensorielle .................................................................................... 32
    Coma sensoriel .............................................................................................. 34
    À vif ................................................................................................................. 36
    Le garçon anéanti .......................................................................................... 38
    La fille au puits ............................................................................................... 40
    Détachez-le ..................................................................................................... 42

*Transformation : Témoin et miroir de l'or* ......................................................... 45
    Réflexion ......................................................................................................... 46
    Étends ta main ................................................................................................ 48
    Ave Maria ........................................................................................................ 50
    L'Archange Gabriel ........................................................................................ 52
    L'Enfant victorieux ......................................................................................... 54
    L'observateur ................................................................................................. 56
    Autoportrait d'une âme ................................................................................. 58

*À propos de l'auteur* ............................................................................................ 61

# Introduction

En guise de préface, voici une brève biographie. Durant mon enfance, j'ai subi des sévices sexuels et physiques et de la torture psychologique. J'ai été exploitée aux fins de pornographie infantile et j'ai été prostituée pendant environ quatre ans. Ces années de terreur et de violence soutenues ont détruit ma psyché. Ma survie m'a coûté ma santé d'esprit. Les sévices que j'ai endurés ont laissé dans mon corps des maladies transmises sexuellement et des couches protectrices de cellules adipeuses.

Cette expérience m'a forcée à puiser en mon for intérieur le courage, la ténacité et la volonté de vivre nécessaires pour traverser ces épreuves.

Mon père, qui a été mon principal bourreau, est décédé quand j'avais 16 ans.

À 18 ans, je suis partie au Canada me joindre à un groupe religieux, qui était en fait une commune, à bien des égards. Dans cet endroit, j'ai trouvé un refuge où survivre et m'épanouir. Même si ce milieu de vie comportait ses propres dysfonctionnements et abus, il m'a permis de rester en vie. La peur de la damnation et l'attrait du suicide me hantaient sans relâche. Cependant, je donnais aux autres l'impression d'avoir une vie intense, quoiqu'angoissée; mais personne ne pouvait se douter de la gravité de ce que je portais en moi.

Après avoir passé 24 ans au sein de ce groupe, j'ai subi aux mains d'une consœur ivre une terrible agression, qui a détruit la fragile structure psychique que j'avais peu à peu érigée. Cette violente expérience, cumulée à la récidive d'une des maladies sexuelles contractées pendant l'enfance et à un grave état de morbidité, m'a fait basculer dans les affres glaciales de la terreur.

Dans les circonstances, la communauté a été forcée d'assumer les coûts d'une aide professionnelle comme une sorte d'aide aux victimes. Forte des conseils d'un bon et sage ami extérieur à la communauté, j'ai pu trouver un thérapeute éclairé et expérimenté en qui je pouvais avoir confiance : le Dr A, qui exerçait au Canada où je vivais à l'époque. Au début, j'étais incapable de parler tellement j'étais en état de stress post-traumatique et de profonde dissociation. Même quand j'arrivais à parler, mes paroles étaient vides et superficielles. Ma frustration était grande, car, plus que tout, j'avais besoin que quelqu'un témoigne de ce qui m'était arrivé. J'avais besoin de quelqu'un qui pouvait m'aider à sortir de l'abysse pour revenir dans l'ici et le maintenant, où je pourrais reconstruire ma vie.

Même s'il n'exerçait pas à proprement parler la thérapie par l'art, le Dr A m'a demandé, après quelques mois de thérapie, si je pensais pouvoir dessiner ou peindre ce que je ressentais et ce dont je me rappelais, car je peinais tellement à exprimer ces choses en paroles. Par pur désespoir, j'ai décidé de tenter le coup. Il s'ensuivit un torrent de dessins et de peintures qui me procurèrent une catharsis inespérée et stimulante que je n'aurais jamais pu soupçonner.

J'ai raconté ce cheminement thérapeutique dans mes livres intitulés *This White House*, *Going Sane* et *A Spectacular Dawn*.

Je souhaite vous présenter une part de mon expérience autant des sévices que de la manière dont l'art et la relation thérapeutique ont été les principaux vecteurs de guérison et de rétablissement. Dans le présent livre, je soulignerai les éléments de la relation thérapeutique que j'ai trouvés les plus efficaces et les plus utiles.

Je vous convie donc à une version abrégée de mon cheminement avec le Dr A..

# Objectif

Je souhaite vous présenter une part de mon expérience autant des sévices que de la manière dont l'art et la relation thérapeutique ont été les principaux vecteurs de guérison et de rétablissement.

Dans le présent livre, je soulignerai les éléments de la relation thérapeutique que j'ai trouvés les plus efficaces et les plus utiles.

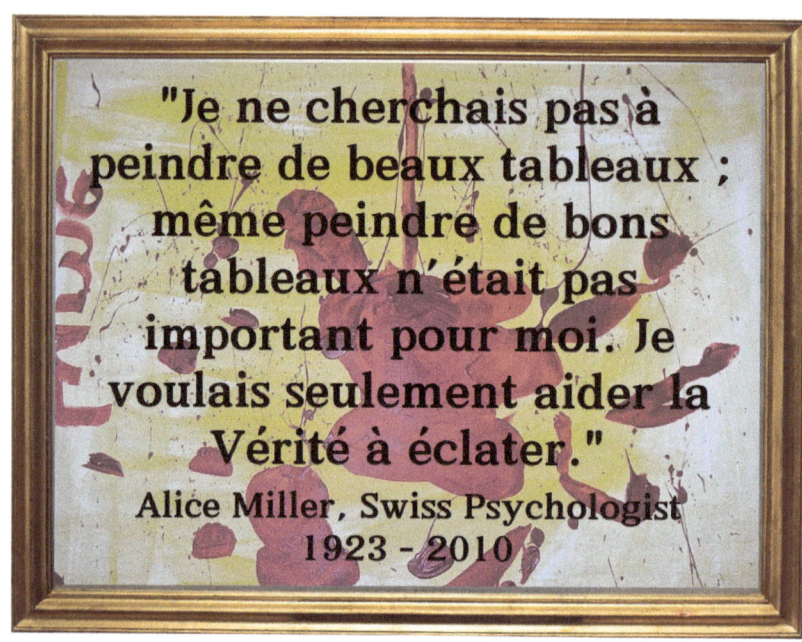

Ces paroles d'Alice Miller décrivent parfaitement mes intentions lorsque je peignais mon histoire.

"Merci, Gabriel Orion Marie, pour votre lettre et pour votre confiance. Vous avez trouvé le courage d'affronter votre histoire et vous avez eu la chance de le faire avec un témoin éclairé. Même si ce chemin est jalonné de souffrances, vous n'êtes plus en danger parce que vous SAVEZ dorénavant ce qui vous est arrivé et parce que vous VOULEZ le savoir. Je vous souhaite beaucoup de succès et j'espère que mes livres et mes peintures vous aideront à témoigner de votre vérité et à CROIRE que ce que vous dessinez vous raconte."

~ Alice Miller (Extrait de notre correspondance personnelle, 2006)

# Vue intérieure :
# Témoin de l'histoire

# La fille à la fenêtre

Dans mon esprit, mon âme et mon corps vivait l'enfant violée et torturée que j'avais été. Elle était à la fenêtre de mon esprit et de mes émotions, désespérant d'être sauvée et réconfortée.

*J'avais besoin d'un thérapeute qui saurait et qui croirait l'horreur des choses que j'avais vécues.*

# Mort à 5 $

L'enfant que j'étais avait été prostituée des centaines de fois. Aussi les échanges d'argent entre moi et un étranger faisaient-ils remonter à la surface sa mort et les sentiments de trahison, de captivité, d'invasion, de diffamation.

*J'avais besoin d'une relation thérapeutique sans dette, propre et nette. Le D<sup>r</sup> A était là pour moi. Point à la ligne. Je n'étais pas là pour lui.*

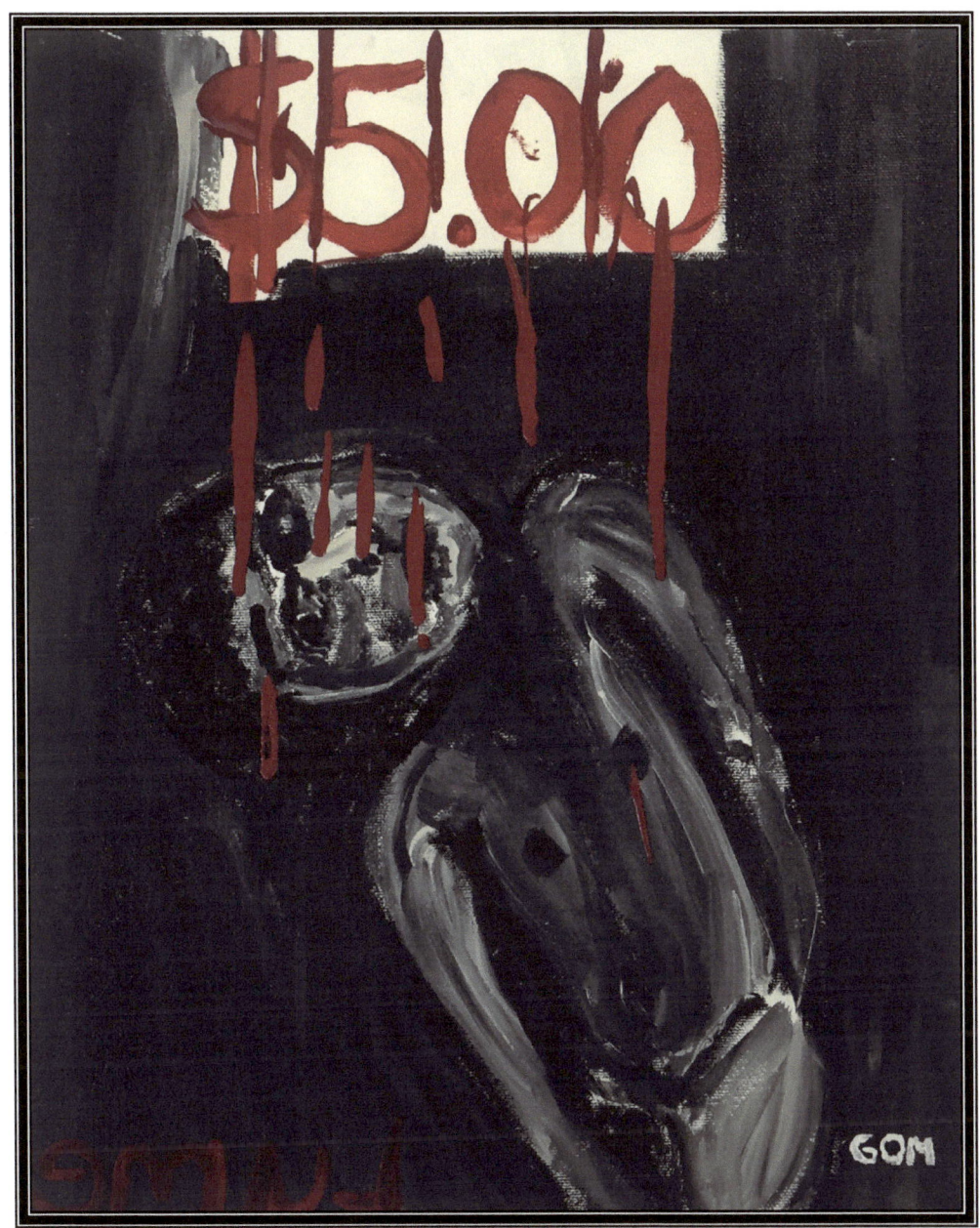

J'ai été violée plusieurs milliers de fois dans la petite enfance et dans l'enfance. L'expérience avait laissé des trous vifs dans mon être, ma psyché et mon cœur. L'invasion répétée du viol avait pratiqué des ouvertures en moi, qui m'empêchaient de contenir ou de retenir quoi que ce soit, sauf les ouvertures elles-mêmes.

*Le lien thérapeutique a été la première couche de guérison de ces trous, car cette relation a été la première que j'ai jugée digne de confiance et que j'ai pu accueillir.*

# SAISIE

Tout mon être (corps, intellect et esprit) était contracté par la terreur. Mon père m'acculait au mur et me violait sous tous les angles. Des années plus tard, j'ai eu besoin de beaucoup de confiance et de motivation pour apprendre à respirer de nouveau.

*J'avais besoin de patience prolongée et soutenue, de gentillesse et de constance de la part du D<sup>r</sup> A ne serait-ce que pour commencer à laisser une partie de mon corps et mon esprit se détendre, ne serait-ce qu'un instant.*

# Segreto Oscuro

# (Sombre secret)

Les sombres secrets étaient les séances de torture et de lavage de cerveau dans le garage et dans les chambres d'hôtel. J'en parle en détail dans mes livres.

*Afin de trouver un lieu sûr où je pouvais révéler les secrets les plus sombres de la torture et du lavage de cerveau, je devais savoir que le D$^r$ A était fort, qu'il avait confiance en lui et que mon histoire n'allait pas lui être néfaste. Maintenant que j'avais trouvé un thérapeute digne de confiance, le plus grand danger était que mon histoire ne l'empoisonne et ne le blesse. Cette menace m'avait été léguée par mes tortionnaires. Bien des victimes craignent que leur douleur ne blesse, ne salisse ou n'empoisonne les personnes à qui elles doivent en parler.*

# Les étapes du fardeau

J'avais 44 ans quand j'ai commencé à voir le D$^r$ A. Même si la dernière agression m'avait démolie, je devais, avec son aide, assimiler toutes les *Étapes du fardeau*.

*Il fallait pour cela que le D$^r$ A et moi explorions tous les recoins obscurs et que je sois en thérapie aussi longtemps que nécessaire. Je savais que je ne passerais pas au travers si la guérison n'était pas profonde et complète. La simple gestion des symptômes ne suffirait plus.*

# Solo

Mon histoire, moi je l'ai vécue. Même si j'avais besoin du D<sup>r</sup> A comme témoin de ce que je lui racontais, de ce que je revivais, ça demeurait MON histoire. La seule façon de m'en libérer et de m'en guérir était de me l'approprier toute entière.

*Il ne fallait pas que le D<sup>r</sup> A se serve de mon histoire à ces propres fins, du moins, pas en ma présence. Il se contentait de me présenter un miroir de vérité me montrant que mon histoire m'appartenait sans partage. Il me confirmait que ce voyage devait se faire en solo, mais qu'il demeurait fidèlement à mes côtés comme témoin personnel.*

# L'alchimie de l'art :
# Témoin du feu

# Plonger dans l'abysse

Le processus de guérison demandait que je plonge dans l'abysse des blessures pour tout ramener à la lumière et à l'air pour en guérir.

*Je ne pouvais plonger qu'après avoir établi de solides assises de confiance dans la relation thérapeutique. À maintes reprises, j'ai vérifié si le D$^r$ A était véritablement digne de confiance, surtout durant les premières années de notre collaboration, et cela faisait partie du processus. Ma confiance dans le D$^r$ A et ma volonté d'entrer profondément dans la douleur étaient intimement reliées.*

# Surcharge sensorielle

Dans l'abysse des blessures, j'ai rencontré, revécu et fait remonter à la surface les sensations réprimées et supprimées de mes années de torture et de violence physiques, affectives et psychologiques.

*Cela était absolument nécessaire. J'avais besoin que le D$^r$ A n'atténue pas, n'apaise pas, ne diminue pas ce qui rejaillissait. J'avais besoin qu'il soit témoin du feu de mon angoisse, qu'il m'encourage à en ressentir et embrasser chaque étincelle, sans qu'il n'exprime d'émotion. Il savait que ma guérison exigeait que je m'approprie toutes ces choses pour enfin m'en libérer.*

# Coma sensoriel

Les nombreuses séances de thérapie et les nombreuses étapes du travail intérieur étaient entrecoupées de moments de coma où je ne ressentais rien, où j'étais loin, très loin. Cette sensation comateuse était la conséquence d'années de surcharge sensorielle. J'alternais continuellement entre la surcharge et le coma durant mon enfance, puis de même durant le processus thérapeutique.

*J'avais besoin de vivre cette absence de sensation autant que je devais accepter les sensations. L'absence de sensation est en soi une blessure profonde. Parce que le D$^r$ A m'acceptait dans tous mes états, il incarnait l'acceptation de soi dont j'avais besoin pour poursuivre le processus et pour trouver la guérison véritable.*

Je me sentais ainsi durant mes années de thérapie : à vif affectivement et psychiquement, à un point tel que le moindre déclencheur provoquait des ondes de vives douleurs dans mon corps et mon esprit.

*Le D$^r$ A devait respecter mes limites à tous égards et en tout temps. Je devais être certaine qu'il accueillerait avec compassion et une respectueuse distance affective mes plus vives émotions. J'avais besoin qu'il me laisse établir, chaque jour, chaque semaine, le rythme selon mon degré de vulnérabilité.*

# Le garçon anéanti

Mon père m'ordonnait *d'être un garçon* pour lui. Cet abus sadique et programmateur m'a profondément perturbée. J'avais réussi, au fil du temps, à créer de nombreuses personnalités pour satisfaire ses exigences. Ça m'a anéantie et m'a souvent coupée de la réalité de mon genre, de mon âge et de ma relation au temps et à l'espace.

*J'avais besoin que le D$^r$ A demeure imperturbable et silencieux devant les sévices et les horreurs de la torture, ancrés dans la confusion à l'égard du genre, que je décrivais et que je me remémorais tout haut. Il devait m'accepter tel que je me présentais à chacune de nos rencontres, jusqu'à ce qu'au contact du feu, je me fusionne et découvre que tout cela ME composait.*

# La fille au puits

Une part de mon être est devenue très sage et très profonde très tôt. Ce tableau dépeint la part de mon être qui doutait du processus thérapeutique, qui doutait du D<sup>r</sup> A. Elle le questionnait et le mettait à l'épreuve. Elle avait une vieille âme, mais un cœur d'enfant.

*Le D<sup>r</sup> A m'a laissé le contester, bien que dans nos échanges nous ayons pour règle fondamentale le respect l'un de l'autre. Chaque séance, je devais lui donner ma parole que je m'engageais à ne causer préjudice ni à moi-même ni à autrui.*

# DÉTACHEZ-LE

Une partie de mon for intérieur était captive, enchaînée et désespérée. J'étais devenue folle et j'ignorais si j'étais homme ou femme, enfant ou adulte.

*Je devais pour guérir expérimenter cette désolation. Je devais accepter ce qui m'enchaînait pour que les entraves puissent fondre au brasier de ce cheminement. Le D$^r$ A devait témoigner de la prison et des chaînes, mais il devait me laisser m'en libérer par ma propre sagesse, pour éviter que je devienne victime d'un miracle et que mon sauvetage dépende de quelque chose extérieur à moi-même.*

# Transformation :
# Témoin et miroir de l'or

# RÉFLEXION

Un soir, après plusieurs années de thérapie, j'ai eu un moment de profonde réflexion, une prise de conscience objective, un recul par rapport à mon processus thérapeutique. J'ai constaté l'effort et le courage exceptionnels que m'avait demandé cette méticuleuse démarche de guérison; or j'ai compris que je n'avais fait que le tiers du chemin. Je devais me demander si je pouvais continuer.

*Au fil des années, j'ai eu besoin que le D$^r$ A témoigne discrètement, mais fermement, de la capacité que je manifestais durant ce long processus, comme une manière de m'encourager. Je croyais essentiel que jamais il ne doute de ma capacité à guérir et qu'il n'ait jamais à se demander si j'en avais la force.*

# ÉTENDS TA MAIN

Dans l'évangile selon Matthieu, Jésus dit à l'homme qui avait la main sèche : « Étends ta main ». Jésus lui demande de faire précisément ce qu'il ne peut pas faire, et c'est en faisant ce geste que l'homme a été guéri. Une grande part de mon travail intérieur m'obligeait à faire ce que je ne pouvais pas faire.

*Il n'était pas rare que le processus de guérison me demande d'être sensée et courageuse au moment même où la folie et la peur m'envahissaient. Grâce au ferme soutien de mon Témoin éclairé, j'ai réussi peu à peu et de plus en plus à faire ce que je ne pouvais pas faire. Ainsi en est-il de la guérison.*

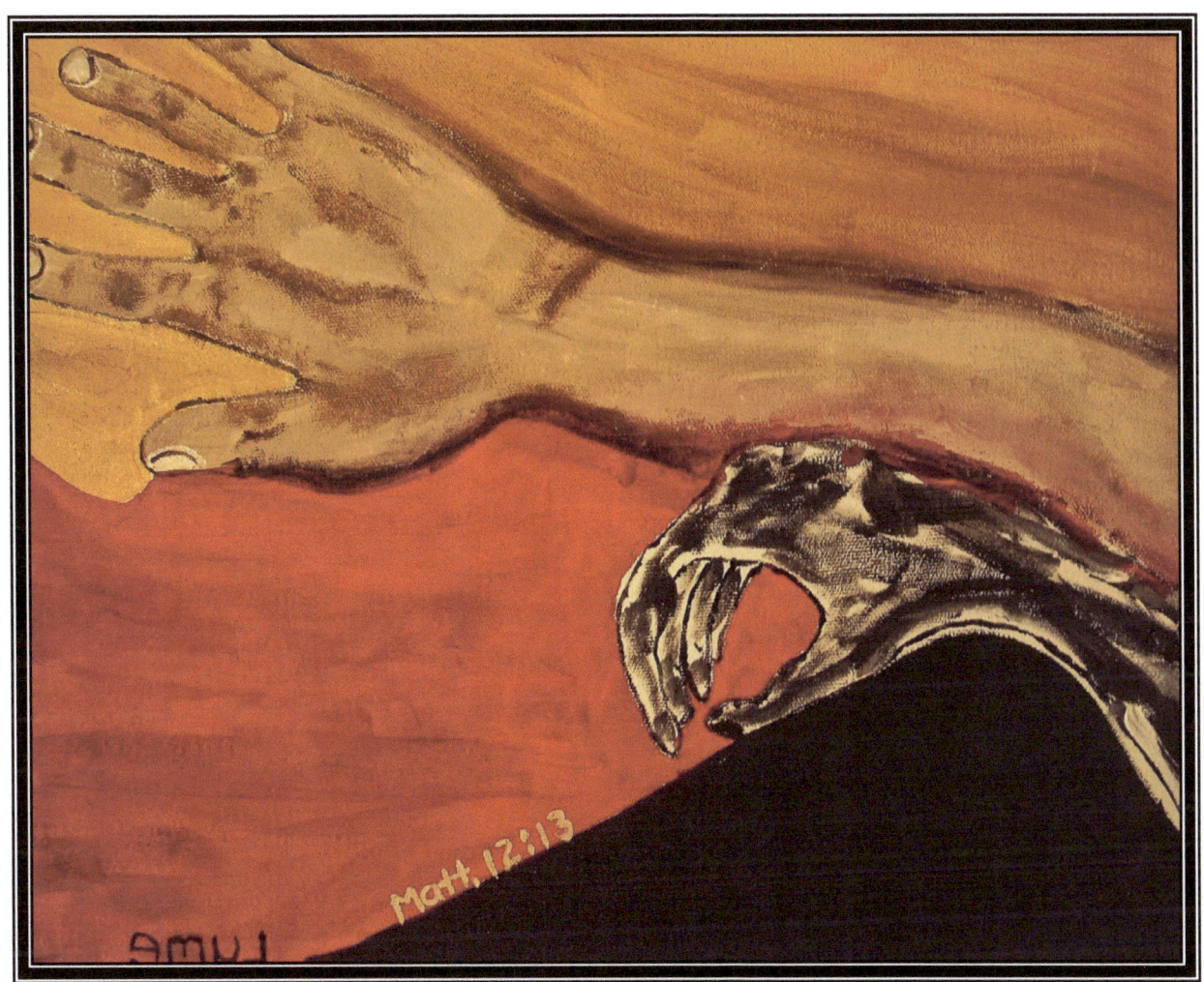

# Ave Maria

Cette scène est tirée de la Passion du Christ, dont je me suis réclamée. J'ai pris conscience un jour que j'étais la Mère de l'enfant en moi, qui a souffert innocemment et affreusement. Si une dalle de ciment nous sépare, nous sommes néanmoins conscients de la présence de l'une de l'autre. Quelle merveilleuse découverte! Je suis la Mère et l'Enfant. Je n'ai pas à chercher plus loin.

*Même si j'imposais constamment au Dr A des projections parentales positives et négatives, il ne s'est jamais comporté comme un parent à mon égard. Il me traitait en égal. La seule exigence qu'il m'imposait était de ne causer préjudice ni à moi ni à autrui. Cela m'a permis de trouver le parent en moi-même.*

# L'Archange Gabriel

Dès la tendre enfance, j'ai ressenti la présence de l'invisible. Un ange, que je connaissais sous le nom de Gabriel, m'est apparu souvent et me portais assistance dans les moments où ma vie était menacée et où mon âme était ravagée. Je ne pense pas avoir pu traverser les expériences de mon enfance sans cet être céleste nommé Gabriel.

*Indépendamment de ses propres croyances, le D*$^r$ *A a toujours respecté mes récits d'êtres invisibles. Il m'a encouragée à me fier à mon expérience et à analyser le sens et les messages qui émanaient de mes rêves et de mes visions. Cette discrète validation m'a aidée à décanter peu à peu ces messages, à découvrir et à m'approprier ma relation avec le monde visible et le domaine de l'invisible.*

# L'Enfant victorieux

Au fil de ma guérison ont émergé la Mère victorieuse et l'Enfant victorieux. J'incarne les deux. Même si l'esprit blessé de l'enfant est pansé, l'enfant est fort et vivant. La mère est fière, maternelle et sage.

*Ici, l'Or émerge du feu transformateur de la thérapie. C'est le début d'une profonde appartenance à soi et d'une profonde connaissance de soi. C'est à ce moment précis que j'ai acquis l'inébranlable respect de soi et soutien de soi, qui est le but de toute thérapie.*

# L'OBSERVATEUR

"Le Seigneur t'a donné le pain de la détresse et l'eau de l'oppression; mais celui qui t'enseigne ne sera plus caché et tes yeux verront celui qui t'enseigne."

~ Esaïe 30:20

*J'ai alors commencé à voir l'Enseignant présent dans ce cheminement thérapeutique. L'Enseignant se trouvant dans la sagesse et l'expérience du D$^r$ A. L'Enseignant vivait dans ma propre recherche de transformation. J'ai réalisé que toute ma vie, Dieu et mon être sont à la fois l'Enseignant et l'Enseigné. Dieu et mon être sont à la fois l'Observateur et l'Observé.*

# Autoportrait d'une âme

(Traduction libre) "Ne demandez pas d'avoir une mission correspondant à votre force. Demandez d'avoir la force correspondant à votre mission. Alors, l'accomplissement de votre mission ne sera pas un miracle, mais vous serez le miracle."

~ Phillips Brooks

J'ai choisi d'accompagner ce tableau par la présente citation de Phillips Brooks, car mon processus de guérison exigeait beaucoup plus de force que je ne croyais posséder. La mission de guérison était monumentale. J'avais besoin d'une force monumentale pour accomplir le travail intérieur qui s'imposait. J'étais véritablement devenue le miracle que je demandais que m'accorde la grâce de Dieu, à grand renfort de courage et grâce au soutien de mon Témoin, le D$^r$ A.

Au fil du temps, j'ai compris que ce tableau était l'autoportrait de mon âme. Cette représentation devint mon logo et mon œuvre signature.

# À propos de l'auteur

Gabriel Orion Marie (Veronica C. Wanchena) est auteure, artiste et conférencière dans le domaine de la guérison de traumatismes. Elle a survécu à des années de sévices graves et à leurs conséquences débilitantes. Aujourd'hui, elle rayonne d'allégresse et témoigne de la capacité de l'âme à guérir.

Veronica s'est servi de l'art comme principal moyen de communication avec son thérapeute, le Dr A, et elle relate son histoire par les images qu'elle a créées. La profondeur de la guérison dont elle avait besoin a exigé une énorme dose de courage pour franchir chaque pas. Dans ses ouvrages, elle présente éloquemment une vue intérieure saisissante et profonde de ses stratégies de survie et de son processus de guérison.

www.ingramcontent.com/pod-product-compliance
Lightning Source LLC
Chambersburg PA
CBHW041602070526
44586CB00003BA/47